SPANISH TRAVEL PHRASES
for
ENGLISH SPEAKING
TRAVELERS

The most useful 1.000 phrases to get around when travelling in Colombia

© 2015 by Liz Doolittle
© 2015 by UNITEXTO

Published by UNITEXTO

UNITEXTO
Digital Publishing

Table of Contents

1.

Bank
Banco

1.1.

I want to make a withdrawal
Quiero hacer un retiro

1.2.

Could you give me some smaller notes?
¿Podría darme algunas notas más pequeñas?

1.3.

I'd like to pay this in, please
Quisiera pagar esto, por favor

1.4.

How many days will it take for the check to clear?
¿Cuántos días se tardará este cheque en corar?

1.5.

Can the passport serve as an ID?
¿El pasaporte puede servir como identificación?

1.6.

Here's my ID card
Aquí está mi tarjeta de identificación

1.7.

I'd like to transfer some money to this account

Quisiera transferir dinero a esta cuenta

1.8.

Could you transfer ... from my current account to my deposit account?

¿Puede transferir... de mi cuenta actual a mi cuenta de depósito?

1.9.

I'd like to open an account

Quisiera abrir una cuenta

1.10.

I'd like to open a personal account

Quisiera abrir una cuenta personal

1.11.

Can I open a business account?

¿Puedo abrir una cuenta de negocios?

1.12.

Could you tell me my balance, please?

¿Me puede decir mi saldo, por favor?

1.13.

Could I have a statement, please?

¿Me podría dar un estado de cuenta, por favor?

1.14.

I'd like to change some money

Quisiera cambiar dinero

1.15.

I'd like to order some foreign currency

Quisiera ordenar en moneda extranjera

1.16.

What's the exchange rate for euros?

¿Cuál es la tarifa de cambio para euros?

1.17.

I'd like to exchange euros to dollars

Quisiera cambiar euros a dólares

1.18.

Could I order a new checkbook, please?

¿Podría ordenar una nueva chequera, por favor?

1.19.

I'd like to cancel a check

Quisiera cancelar un cheque

1.20.

I'd like to cancel this standing order

Quisiera cancelar esta orden pendiente

1.21.

Where's the nearest cash machine?

¿Dónde está el cajero más cercano?

1.22.

What's the interest rate on this account?

¿Cuál es la tasa de interés para esta cuenta?

1.23.

What's the current interest rate for personal

loans?
¿Cuál es la tasa de interés actual para préstamos personales?

1.24.

I've lost my bank card
Perdí mi tarjeta del banco

1.25.

I want to report a lost card
Quiero reportar una tarjeta perdida

1.26.

I think my card has been stolen
Creo que me robaron mi tarjeta

1.27.

We've got a joint account
Tenemos una cuenta en conjunto

1.28.

I'd like to tell you about a change of address
Quisiera contarle sobre un cambio de dirección

1.29.

I've forgotten my Internet banking password
Olvide mi contraseña de la banca en línea

1.30.

I've forgotten the PIN number for my card
Olvide el número de PIN de mi tarjeta

1.31.

I'll have a new one sent out to you

Le enviaré a usted una nueva

1.32.

Could I make an appointment to see the manager?

¿Podría hacer una cita para ver al gerente?

1.33.

I'd like to speak to someone about a mortgage

Quisiera hablar con alguien sobre una hipoteca

2. Bar

Bar

2.1.

Bring me a beer

Tráigame una cerveza

2.2.

Two beers, please

Dos cervezas, por favor

2.3.

Three shots of tequila, please

Tres *shots* de tequila, por favor

2.4.

I would like a glass of wine

Quisiera una copa de vino

2.5.

I'll have the same, please

Yo quiero lo mismo, por favor

2.6.

Nothing for me, thank you

Nada para mí, gracias

2.7.

I'll pay for everyone

Yo voy a pagar para todos

2.8.

Another round, please

Otra ronda, por favor

2.9.

Are you still serving drinks?

¿Aún están sirviendo bebidas?

2.10.

Do you have any snacks?

¿Tiene algún aperitivo?

2.11.

Do you have any sandwiches?

¿Tiene sándwiches?

2.12.

Do you serve food?

¿Usted sirve comida?

2.13.

What time does the kitchen close?

¿A qué hora cierra la cocina?

2.14.

Are you still serving food?

¿Aún están sirviendo comida?

2.15.

What sort of sandwiches do you have?

¿Qué tipos de sándwiches tiene?

2.16.

Do you have any hot food?

¿Tiene alguna comida caliente?

2.17.

Could we see a menu, please?

¿Podríamos ver el menú, por favor?

2.18.

Can I smoke inside?

¿Puedo fumar adentro?

2.19.

Do you mind if I smoke?

¿Le importa si fumo?

2.20.

Would you like a cigarette?

¿Quisiera un cigarro?

2.21.

Have you got a light?

¿Tienes un encendedor?

3. Boutique
Boutique

3.1.

Could I try this on?

¿Me puedo probar esto?

3.2.

Could I try these shoes on?

¿Me puedo probar estos zapatos?

3.3.

I need the size ...

Necesito esta talla...

3.4.

Do you have these shoes in size ...?

¿Tiene estos zapatos en talla...?

3.5.

Do you have the trousers in size ...?

¿Tiene los pantalones en talla...?

3.6.

Do you have a fitting room?

¿Hay algún probador de ropa?

3.7.

Where's the fitting room?

¿Dónde está el probador de ropa?

3.8.

Have you got this in a smaller size?

¿Tiene de estos en una talla más pequeña?

3.9.

Have you got this in a larger size?

¿Tiene de estos en una talla más grande?

3.10.

Does this fit me??

¿Esto me queda?

3.11.

The shirt is too big, I don't like it

Esta camisa es muy grande, no me gusta

3.12.

The pants are too small, I can't fit in them

Los pantalones son muy pequeños, no quepo en ellos

3.13.

I need some high heels, can you help me?

Necesito algunos tacones, ¿me puedes ayudar?

3.14.

Do you have this sweater in another color?

¿Tiene este suéter en otro color?

3.15.

What material is this made of?

¿De qué material está hecho esto?

3.16.

Can I wash this skirt at home?

¿Puedo lavar esta falda en casa?

3.17.

Does this suit require dry-cleaning?

¿Este traje necesita lavado en seco?

3.18.

Can I use the fitting room?

¿Puedo usar el probador de ropa?

4.

Bus travel

Viaje en Bus

4.1.

Where can I buy tickets?

¿Dónde puedo comprar tickets para el bus?

4.2.

I need one child return ticket

Necesito un ticket de vuelta para un niño

4.3.

Where's the ticket office?

¿Dónde está la oficina de tickets?

4.4.

What time's the next bus to ...?

¿Cuál es el siguiente bus para...?

4.5.

Can I buy a ticket on the bus?

¿Puedo comprar el ticket en el bus?

4.6.

I'd like a return to ..., coming back on Sunday

Quisiera regresar a..., regresando el domingo

4.7.

Where do I change for ...?

¿Dónde cambio para...?

4.8.

Can I have a timetable, please?

¿Me puede dar el horario, por favor?

4.9.

How often do the buses run to ...?

¿Qué tan seguido los buses van hacia...?

4.10.

The bus is running late

El bus está atrasado

4.11.

The bus has been cancelled

El bus ha sido cancelado

4.12.

Does this bus stop at ...?

¿Este bus para en...?

4.13.

Could you tell me when we get to ...?

¿Me puede decir cuando llegamos a...?

4.14.

Is this seat taken?

¿Hay alguien este asiento?

4.15.

Do you mind if I sit here?

¿Te importa si me siento aquí?

4.16.

I've lost my ticket. What should I do?

Perdí mi ticket. ¿Qué debo hacer?

4.17.

What time do we arrive in ...?

¿A qué hora llegamos a...?

4.18.

What's this stop?

¿Qué es esta parada?

4.19.

What's the next stop?

¿Cuál es la siguiente parada?

4.20.

This is my stop. Can you let me get off?

Esta es mi parada. ¿Me puede dejar bajar?

4.21.

I'm getting off here. Could you please move a bit?

Me bajo aquí. ¿Se puede mover un poco por favor?

4.22.

How many stops is it to ...?

¿A cuántas paradas estamos de...?

4.23.

How much is the ticket to ...?

¿Cuánto cuesta un ticket para...?

4.24.

Where is the bus station, please?

¿Dónde está la estación de bus, por favor?

4.25.

When does the bus leave for...?

¿Cuándo se va el bus para...?

4.26.

How many stops before...?

¿Cuántas paradas antes de...?

5. Business meetings
Reuniones de negocios

5.1.

I would like to schedule a meeting with you

Quisiera programar una reunión contigo

5.2.

Are you available next week?

¿Estás disponible la próxima semana?

5.3.

Can I reschedule our meeting?

¿Puedo recalendarizar nuestra reunión?

5.4.

I'll call you in the morning to confirm the time
Te llamaré en la mañana para confirmar la hora

5.5.

When should we arrive?
¿Cuándo debo llegar?

5.6.

Where's the event going to happen?
¿Dónde va a ser el evento?

5.7.

Are there going to be some presentations?
¿Van a haber presentaciones?

5.8.

Who is presenting tonight?
¿Quién estará presentando esta noche?

5.9.

What's this girl's name?
¿Cuál es el nombre de la chica?

5.10.

Can you please introduce us?
¿Nos puedes presentar por favor?

5.11.

Who is the guy in the corner?
¿Quién es el chico de la esquina?

5.12.

Do you know the man in the gray suit?

¿Conoces al hombre del traje gris?

5.13.

What's your last name?

¿Cuál es tu apellido?

5.14.

Can I get your business card?

¿Me puedes dar tu tarjeta de negocios?

5.15.

Could you write down your number, please?

¿Podrías escribir tu número por favor?

5.16.

Can we talk about the job now?

¿Podemos hablar del trabajo ahora?

5.17.

I would like to see your boss

Quisiera ver a tu jefe

5.18.

Can I speak to your mentor?

¿Puedo hablar con tu mentor?

5.19.

This is my associate, Mr. ...

Él es mi asociado, el Sr....

5.20.

I hope your secretary gave you my message

Espero que tu secretaria te haya dado mi mensaje

5.21.

Should we get out of the office and go for a lunch?

¿Deberíamos salir de la oficina e ir por un almuerzo?

5.22.

What do you think about my proposal?

¿Qué piensas de mi propuesta?

5.23.

I would like to know your opinion

Quisiera saber tu opinión

5.24.

I wanted to ask you for an advice

Quería preguntarte por un consejo

5.25.

I want to talk about investing in my company

Quiero hablar de invertir en mi compañía

6. Coffee
Café

6.1.

Can I get a coffee?

¿Me puede dar un café?

6.2.

I'll have a coffee, please

Yo quiero un café, por favor

6.3.

An orange juice for me, please

Un jugo de naranja para mí, por favor

6.4.

Bring me a tea

Tráigame un té

6.5.

Do you have frappes?

¿Tienen frappes?

6.6.

Double espresso with cream, please

Doble espresso con crema, por favor

6.7.

Can I have a macchiato?

¿Puede traerme un macchiato?

6.8.

Just a glass of water for me

Solo un vaso de agua para mí

6.9.

I'll have a hot chocolate

Yo voy a querer un chocolate caliente

6.10.

Do you have any fresh juice?

¿Tienen algún jugo fresco?

6.11.

Have you got lemonade?

¿Tienen limonada?

6.12.

I've already ordered

Ya ordené

6.13.

How much do I owe you?

¿Cuánto le debo?

6.14.

Keep the change!

¡Quédese con el cambio!

6.15.

Do you have internet access here?

¿Tienen acceso a internet aquí?

6.16.

Do you have wireless internet here?

¿Tienen internet inalámbrico aquí?

6.17.

What's theWi-Fi password?

¿Cuál es la contraseña Wi-Fi?

6.18.

Can you move my drink, I'll sit outside

Puede mover mi bebida, me voy a sentar afuera

6.19.

Where is the restroom?

¿Dónde está el baño?

6.20.

Do you serve alcoholic drinks?

¿Sirven bebidas alcohólicas?

6.21.

What kind of tea do you have?

¿Qué tipo de té tienen?

7.

Car accidents

Accidentes de automóviles

7.1.

Can you call the police?

¿Puedes llamar a la policía?

7.2.

I have a flat tire, can you call help?

Tengo un pinchazo, ¿puedes llamar por ayuda?

7.3.

I'm out of gas, is there any gas station near?

No tengo gasolina, ¿hay alguna gasolinera cerca?

7.4.

My breaks aren't working, what should I do?

Mis frenos no funcionan, ¿Qué debo hacer?

7.5.

There was a major collision, what happened?

Hubo un gran accidente, ¿Qué sucedió?

7.6.

I'm hurt, can you call the ambulance?

Estoy lastimado, ¿Puedes llamar a la ambulancia?

7.7.

Is doctor on his way?

¿El doctor viene en camino?

7.8.

Did you see the car coming?

¿Viste el auto venir?

7.9.

Where is the nearest hospital?

¿Cuál es el hospital más cercano?

7.10.

Is the ambulance coming?

¿La ambulancia ya viene?

7.11.

Do you have a first aid kit?

¿Tienes un kit de primeros auxilios?

7.12.

Am I getting a ticket?

¿Me van a dar una multa?

7.13.

Did you have a car accident?

¿Tuviste un accidente de auto?

7.14.

Is this the truck that hit you?

¿Este es el camión que te pegó?

7.15.

Here's my ID

Aquí está mi identificación

7.16.

Do you need my license?

¿Necesitas mi licencia?

7.17.

I've witnessed the accident

Yo presencié el accidente

7.18.

Where's the nearest car repair shop?

¿Dónde está el taller de reparación más cercano?

7.19.

Do you have spare parts for...?

¿Tiene partes para...?

7.20.

Can you help me pull my car?

¿Puede ayudarme a jalar mi auto?

7.21.

Can I leave the car here?

¿Puedo dejar el auto aquí?

7.22.

What's wrong with my car?

¿Qué hay de malo con mi auto?

7.23.

How much is it going to cost?

¿Cuánto me va a costar?

7.24.

I got hit by another car; can insurance cover the cost?

Me chocó otro auto, ¿El seguro cubre ese costo?

7.25.

It wasn't my fault at all

No fue mi culpa para nada

7.26.

I was on the main road and he came from the side street

Estaba en la carretera principal y el vino de la calle del lado

8. Car rental
Alquiler de autos

8.1.

I would like to rent a car

Quisiera alquilar un auto

8.2.

Do you have any cars available?

¿Tiene algún auto disponible?

8.3.

I have a reservation under the name ...

Tengo la reservación a nombre de...

8.4.

I have a reservation for a small car

Tengo una reservación para un auto pequeño

8.5.

I'll need it for a week

Lo necesito por una semana

8.6.

Can I get a car for the next month?

¿Puede darme un auto para el siguiente mes?

8.7.

Do I need to leave you any documents?

¿Necesito dejar algún documento?

8.8.

How much does the renting cost?

¿Cuánto cuesta la renta?

8.9.

What's the price per kilometer?

¿Cuál es el precio por kilómetro?

8.10.

Is it manual or automatic?

¿Es manual o automático?

8.11.

Does it take petrol or diesel?

¿Es de petróleo o diésel?

8.12.

Can you show me the controls?

¿Me puede enseñar los controles?

8.13.

Does this car have central locking?

¿Este auto tiene cerradura central?

8.14.

Does it have child locks?

¿Este tiene seguro para niños?

8.15.

Here's my driving license

Aquí está mi licencia de conducir

8.16.

When do I need to return it?

¿Cuándo lo debo de devolver?

8.17.

Do I have to return it with the full tank?

¿Lo tengo que devolver con el tanque lleno?

8.18.

Can you show me how to open the boot?

¿Me puede enseñar como abrir el maletero?

8.19.

Where do I turn on the lights?

¿Dónde enciendo las luces?

8.20.

Where are the windscreen wipers?

¿Dónde están los limpia-parabrisas?

8.21.

Can I get insurance?

¿Puedo tener un seguro?

8.22.

Does the car have insurance?

¿El auto tiene seguro?

8.23.

Does the car have all the necessary accessories?

¿El auto tiene todos los accesorios necesarios?

8.24.

How much do you charge if I'm an hour late?

¿Cuánto cobrar si llego una hora tarde?

8.25.

What are your business hours?

¿Cuál es su horario de trabajo?

8.26.

Do you work on Sunday?

¿Trabajan el domingo?

9. Car travel
Viaje en auto

9.1.

I'm driving. Can you call me back?

Estoy manejando, ¿Me puedes devolver la llamada?

9.2.

Can you slow down a bit?

¿Puedes bajar la velocidad un poco?

9.3.

Can you stop here for a moment?

¿Puedes parar aquí por un momento?

9.4.

Can we take a break here?

¿Podemos tomarnos un descanso aquí?

9.5.

Are we going to arrive by the evening?

¿Vamos a llegar en la noche?

9.6.

When should we arrive?

¿Cuándo deberíamos llegar?

9.7.

Do you know directions to ...?

¿Sabes las direcciones para...?

9.8.

Can you show me the way to ...?

¿Me puedes enseñar el camino para...?

9.9.

How do I get to the ...?

¿Cómo llego al...?

9.10.

Is there an alternative road?

¿Hay algún camino alternativo?

9.11.

Is there a detour or should I enter the city?

¿Hay algún desvío o debería entrar a la ciudad?

9.12.

How can I avoid the traffic jam?

¿Cómo puedo evitar el tráfico?

9.13.

Are we going towards the highway?

¿Vamos hacia la autopista?

9.14.

Is this the right road?

¿Este es el camino correcto?

9.15.

Where are you going to park?

¿Dónde te vas a parquear?

9.16.

Is this a public parking?

¿Este es un parqueo público?

9.17.

There's an empty parking lot

Allí hay un parqueo vacío

9.18.

How do I pay for the parking?

¿Cómo pago por el parqueo?

9.19.

Can I go left here?

¿Puedo ir a la izquierda aquí?

9.20.

Am I allowed to go right here?

¿Tengo permitido cruzar a la derecha aquí?

9.21.

Are we going left or right now?

¿Vamos a la izquierda o a la derecha ahora?

9.22.

I don't know where to go on the next

intersection
No sé a dónde ir en la próxima intersección

9.23.

What's the speed limit here?
¿Cuál es el límite de velocidad aquí?

9.24.

What does this sign mean?
¿Qué significa el letrero?

9.25.

Should I go over the bridge?
¿Debería ir sobre el Puente?

9.26.

What is the shortest way to get to the...?
¿Cuál es el camino más corto para llegar al...?

9.27.

How many kilometers to...?
¿Cuántos kilómetros para...?

9.28.

Is this the way for...?
¿Este es el camino para...?

9.29.

Where does this road go?
¿A dónde va esta carretera?

9.30.

What is the maximum speed allowed?
¿Cuál es la velocidad máxima permitida?

10. Children
Niños

10.1.
Do children need visa?
¿Los niños necesitan visa?

10.2.
What's the children policy?
¿Cuál es la política de niños?

10.3.
Do children get a discount?
¿Los niños tienen descuento?

10.4.
Do children need a separate seat?
¿Los niños necesitan un asiento separado?

10.5.
Can I get an extra bed for a child?
¿Puede darme una cama extra para un niño?

10.6.
Do I need to pay the full price to get a children's seat?
¿Necesito pagar el precio complete para un asiento de niño?

10.7.
Is there a toy store nearby?
¿Hay alguna tienda de juguetes cerca?

10.8.

Where can I buy gifts for my children?

¿Dónde puedo comprar regalos para mis hijos?

10.9.

My son is 2; does he need a ticket?

Mi hijo tiene 2 años ¿necesita un ticket?

10.10.

Is there room for pram?

¿Hay un cuarto para el cochecito?

10.11.

What do I need to sign so my child can travel without me?

¿Qué necesito firmar para que mi hijo viaje sin mí?

10.12.

Here's my baby's Passport

Aquí está el pasaporte de mi bebe

10.13.

How long is the child's passport valid?

¿Por cuánto tiempo es válido el pasaporte del niño?

10.14.

Do you offer any daycare service at the hotel?

¿Ofrecen algún servicio de guardería en el hotel?

10.15.

Are there any activities for children?

¿Hay actividades para los niños?

10.16.

Where can I take my children today?

¿Dónde puedo llevar a mis hijos hoy?

10.17.

I need a babysitter for few hours

Necesito una niñera por unas horas

10.18.

Are children allowed in a restaurant?

¿Los niños pueden entrar a un restaurante?

10.19.

Are children allowed at the event?

¿Los niños pueden ir al evento?

10.20.

Does the TV in our room have cartoons?

¿La televisión en nuestro cuarto tiene dibujos animados?

11.

Cinema

Cine

11.1.

I'd like to see a movie, is there a cinema near us?

Quisiera ver una película, ¿Hay algún cine cerca?

11.2.

What's on at the cinema?

¿Qué hay en el cine?

11.3.

Is there anything good on at the cinema?

¿Hay algo bueno en el cine ahora?

11.4.

What's this film about?

¿De qué se trata esta película?

11.5.

Shall we get some popcorn?

¿Compramos palomitas de maíz?

11.6.

Do you want salted or sweet popcorn?

¿Quieres palomitas de maíz dulces o saladas?

11.7.

Do you want to drink something?

¿Quieres tomar algo?

11.8.

Where shall we sit?

¿Dónde nos deberíamos sentar?

11.9.

I would like to sit near the back, if possible

Quisiera sentarme cerca de la parte de atrás, si es posible

11.10.

I prefer to be near the front, if there are available seats

Prefiero estar cerca del frente, si hay algún asiento disponible

12. Communication
Comunicación

12.1.

Do you understand me?

¿Me entiendes?

12.2.

Do you speak English?

¿Hablas Inglés?

12.3.

Do you speak French?

¿Hablas Francés?

12.4.

Do you speak Spanish?

¿Hablas Español?

12.5.

Do you speak German?

¿Hablas Alemán?

12.6.

Can you repeat that?

¿Puedes repetir eso?

12.7.

How do you say ... in English?

¿Cómo dices... en inglés?

12.8.

What did she say?

¿Qué dijo ella?

12.9.

What does it mean?

¿Qué significa?

12.10.

Can you please translate that?

¿Puedes traducir eso por favor?

12.11.

How do you spell it?

¿Cómo lo escribes?

12.12.

Can you please write that down?

¿Puedes escribirlo por favor?

12.13.

I need to write it down. Can you please repeat?

Necesito escribirlo. ¿Me puedes repetir?

12.14.

Would you write your address here?

¿Puedes escribir tu dirección aquí?

12.15.

Can you write your phone number here?

¿Puedes escribir tu número telefónico aquí?

12.16.

Can I hear your email address letter by letter?

¿Podría escuchar tu dirección de correo electrónico letra por letra?

12.17.

Can you send it to my email?

¿Lo puedes enviar a mi correo?

12.18.

Can you call him on the phone?

¿Lo puedes llamar al teléfono?

13. Consulate
Consulado

13.1.

Where is the ... consulate?

¿Dónde está el consulado de...?

13.2.

What's the number to call the consulate?

¿Cuál es el número para llamar al consulado?

13.3.

How do I get to the ... consulate?

¿Cómo llego al consulado de...?

13.4.

Can you show me the directions to the ... consulate?

¿Me puedes enseñar las direcciones para el consulado de...?

13.5.

Do you know the consulate address?

¿Sabes la dirección del consulado?

13.6.

How can I reach the consulate?

¿Cómo puedo llegar al consulado?

13.7.

I need to speak with someone from the consulate

Necesito hablar con alguien del consulado

13.8.

Can I reach the consulate in case of emergency?

¿Puedo llamar al consulado en caso de emergencia?

13.9.

Where's the ... consulate located?

¿Dónde está el consulado de...?

14. Customs
Aduana

14.1.

Do you need me to open my bag?

¿Necesita que abra mi bolso?

14.2.

I have nothing to declare

No tengo nada que declarar

14.3.

I have some goods to declare

Tengo algunas cosas que declarar

14.4.

Do I have to pay duty on these items?

¿Debo pagar por estos artículos?

14.5.

This is from a duty-free shop

Esto es de una tienda libre de impuestos

14.6.

Are you going to go through my luggage?

¿Va a revisar mi equipaje?

14.7.

Is this a subject to custom duty?

¿Este es un tema de derechos de aduana?

14.8.

I have all the necessary papers for this item

Tengo todos los papeles necesarios para este artículo

14.9.

Is this an exemption from customs duty?

¿Hay alguna exención para los impuestos de aduana?

14.10.

I have golden jewelry to declare

Tengo joyas de oro que declarar

14.11.

These are gifts for my wife and children

Estos son regalos para mi esposa e hijos

14.12.

Am I allowed to bring ...?

¿Estoy permitido a traer...?

14.13.

I don't have any foreign currency

No tengo ningún dinero de otro país

14.14.

Where is the customs clearance?

¿Dónde está el despacho de aduanas?

14.15.

I have the license for importing

Tengo la licencia para importar

14.16.

I paid the customs. Here's my certifícate

Pagué los impuestos. Aquí está mi certificado

15. Directions
Instrucciones

15.1.

Can you show me how to get to the ... ?

¿Me puede enseñar cómo llegar a...?

15.2.

What's the closest route to the ... ?

¿Cuál es la ruta más cercana a...?

15.3.

I'm headed to the ... Can you help me?

Voy a... ¿Me puede ayudar?

15.4.

How to get to the ... ?

¿Cómo llegar a...?

15.5.

I'm lost. Can you help me?

Estoy perdido. ¿Me puede ayudar?

15.6.

I don't know which road to take. Can you help?

No sé qué camino tomar. ¿Me puede ayudar?

15.7.

There's no sign. Where should I go?

No hay señales. ¿A dónde debo ir?

15.8.

I don't see any road sign, should I turn left or right?

No veo ninguna señal del camino, ¿debería cruzar a la izquierda o derecha?

15.9.

Do you have GPS?

¿Tiene GPS?

15.10.

What does the GPS say?

¿Qué dice el GPS?

15.11.

Can you turn on the GPS?

¿Puedes encender el GPS?

15.12.

The GPS directions aren't good, we should ask someone

Las direcciones del GPS no están bien, deberíamos preguntar a alguien

15.13.

Do you know how can we get to … ?

¿Sabe cómo podemos llegar a…?

15.14.

I'm looking for a street named …

Estoy buscando una calle llamada…

15.15.

Where's the number … in this street?

¿Dónde está el número… en la calle?

15.16.

I need to be at the café … in 10 minutes, where

is it?

Necesito estar en el café... en 10 minutos, ¿dónde es?

15.17.

Is this a one-way street?

¿Esta es una calle de una vía?

15.18.

Will I arrive faster by car or by walking?

¿Llegaré más rápido en auto o caminando?

15.19.

Is there a traffic jam downtown?

¿Hay un embotellamiento en el centro?

16.   Discomfort
Incomodidad

16.1.

Can I get another seat?

¿Me puede dar otro asiento?

16.2.

Can I change the departure time?

¿Puedo cambiar la hora de salida?

16.3.

Can I open the window?

¿Puedo abrir la ventana?

16.4.

Can you turn up the heating?

¿Puede subirle a la calefacción?

16.5.

Can I use the restroom?

¿Puedo usar el baño?

16.6.

Can I use the shower?

¿Puedo usar la ducha?

16.7.

Can you move me to the other department?

¿Me puede mover a otro departamento?

16.8.

This is not what I've ordered

Esto no es lo que ordené

16.9.

This isn't fresh

Esto no es fresco

16.10.

Can I speak to your manager?

¿Puedo hablar con tu gerente?

16.11.

Can we sit in a non-smoking area?

¿Nos podemos sentar en un área de no fumar?

16.12.

Can you please put off the cigarette?

¿Puede apagar el cigarro, por favor?

16.13.

It's too cold in here

Hace mucho frío aquí

16.14.

I can't see anything from here

No puedo ver nada desde aquí

16.15.

Can you move a little bit so I can pass?

¿Se puede mover un poco, así puedo pasar?

16.16.

Can I cut in front of you? I only have one item

¿Puedo pasar enfrente de usted? Solo tengo un artículo

16.17.

We've been here for 20 minutes. Can we order?

Hemos estado aquí por 20 minutos. ¿Podemos ordenar?

16.18.

The bathroom is out of order. Is there another one?

El baño esta fuera de servicio. ¿Hay otro?

16.19.

Excuse me, I don't feel very well

Perdón, no me siento muy bien

16.20.

I'll have to go now

Me voy a tener que ir ahora

16.21.

I'm tired, I have to go to sleep

Estoy cansado, tengo que ir a dormir

16.22.

I have an early meeting tomorrow, I have to leave you now

Tengo una reunión temprano mañana, debo irme ya

16.23.

I have to go back to get my jacket

Debo regresar a traer mi chaqueta

16.24.

Do you have an extra jacket I could borrow?

¿Tienes una chaqueta extra que me prestes?

16.25.

It's raining outside; do you have a dryer?

Está lloviendo afuera, ¿Tienes una secadora?

16.26.

Can I get a clean glass? This one has some stains

¿Me puede dar un vaso limpio? Este tiene manchas

17.   Embassy
Embajada

17.1.

Where is the ... embassy?

¿Dónde está la embajada de...?

17.2.

Do you have the embassy's number?

¿Tienes el número de la embajada?

17.3.

How do I get to the ... embassy?

¿Cómo llego a la embajada de...?

17.4.

Can you show me the directions to the ... embassy?

¿Me puedes dar las instrucciones para llegar a la embajada de...?

17.5.

Do you know the embassy address?

¿Sabes la dirección de la embajada?

17.6.

How can I reach the embassy?

¿Cómo puedo llegar a la embajada?

17.7.

I need to speak with someone from the embassy

Necesito hablar con alguien de la embajada

17.8.

Where can I see you regarding my visa status?

¿Dónde te puedo hablar sobre el estatus de mi visa?

17.9.

Can I reach the embassy in case of emergency?

¿Puedo llamar a la embajada en caso de emergencia?

17.10.

Where's the ... embassy located ?

¿Dónde está la embajada de...?

18. Gas station
Gasolinera

18.1.

Do we need to stop for the gas?

¿Necesitamos parar por la gasolina?

18.2.

Is there any gas station near?

¿Hay alguna gasolinera cerca?

18.3.

I'm going to be out of fuel soon

Me voy a quedar sin combustible pronto

18.4.

Is oil level okay?

¿El nivel de aceite está bien?

18.5.

Do you have diesel?

¿Tiene diésel?

18.6.

Do you have a tire pump?

¿Tiene inflador de neumáticos?

18.7.

Do you have a car wash here?

¿Tiene un lavado de autos aquí?

18.8.

Can I wash my car?

¿Puedo lavar mi auto?

18.9.

How much does washing cost?

¿Cuánto cuesta lavar el auto?

18.10.

How much does a liter of gas cost?

¿Cuánto cuesta un litro de gasolina?

18.11.

Could you check my tires?

¿Puede revisar mis llantas?

18.12.

Fill it up, please

Llénelo, por favor

18.13.

Should I go inside to pay?

¿Debería entrar para pagar?

18.14.

Is there a parking lot behind?

¿Hay un paqueo atrás?

18.15.

We have just passed the gas station, can we go back?

Acabamos de pasar la gasolinera, ¿Podemos regresar?

19. Hairdresser
Peluquero

19.1.

I'd like a haircut, please

Quisiera un corte de pelo, por favor

19.2.

Do I need a reservation?

¿Necesito una reservación?

19.3.

Are you able to see me now?

¿Me puede ver ahora?

19.4.

Can I make an appointment for tomorrow?

¿Puedo hacer una cita para mañana?

19.5.

Can you wash my hair?

¿Puede lavarme el pelo?

19.6.

I'd like some highlights

Quisiera algunos rayitos

19.7.

Can I get a coloring?

¿Me lo puede pintar?

19.8.

I would like a blow-dry

Quisiera un secado

19.9.

Could you trim my beard, please?

¿Puede recortarme la barba por favor?

19.10.

Could you trim my moustache, please?

¿Puede recortarme el bigote, por favor?

19.11.

Can you put some wax?

¿Me puede poner cera?

19.12.

Can I have some gel?

¿Me puede dar gelatina?

19.13.

Please don't put any products on my hair

Por favor no ponga ningún producto en mi pelo

20. Health
Salud

20.1.

I'm sick, can you call a doctor?

Estoy enfermo, ¿Puede llamar a un doctor?

20.2.

I'm not feeling well, can you help me?

No me siento bien, ¿Me puede ayudar?

20.3.

I'm nauseated, what should I do?

Tengo náuseas, ¿Qué debo hacer?

20.4.

Is there any nurse?

¿Hay alguna enfermera?

20.5.

I need a doctor urgently!

¡Necesito un doctor urgentemente!

20.6.

Where's the ER?

¿Dónde esta la Sala de Emergencias?

20.7.

I've got the prescription from the doctor

Tengo una receta del doctor

20.8.

Can you give me something for headache?

¿Me puede dar algo para la cabeza?

20.9.

Can you recommend anything for a cold?

¿Me puede recomendar algo para la gripe?

20.10.

Do you have any rash cream?

¿Tiene alguna crema para el salpullido?

20.11.

I need something for mosquito bites

Necesito algo para los picaduras de mosquito

20.12.

Do you have anything to help me stop smoking?

¿Tiene algo que me ayude a dejar de fumar?

20.13.

Do you have nicotine patches?

¿Tiene parches de nicotina?

20.14.

Can I buy this without a prescription?

¿Puedo comprar esto sin receta?

20.15.

Does it have any side-effects?

¿Tiene algún efecto secundario?

20.16.

I'd like to speak to the pharmacist, please

Quisiera hablar con el farmacéutico, por favor

20.17.

Do you have something for sore throat?

¿Tiene algo para el dolor de garganta?

20.18.

Any help for chapped lips?

¿Algo que ayude a los labios rajados?

20.19.

I need cough medicine

Necesito medicina para la tos

20.20.

I feel sick when I travel, what should I do?

Me siento mal cuando viajo, ¿Qué debo hacer?

20.21.

Can I make an appointment to see the dentist?

¿Puedo hacer una cita para ver al dentista?

20.22.

One of my fillings has come out, can you do something?

Uno de mis rellenos se salió, ¿Puede hacer algo?

20.23.

I have a severe toothache, what should I do?

Tengo un dolor de diente severo, ¿Qué debo hacer?

20.24.

I broke a tooth, I need a dentist urgently

Me rompí un diente, Necesito ver a un dentista urgente

20.25.

My kid is not feeling well, where is the nearest ambulance?

Mi hijo no se siente bien, ¿Dónde está la ambulancia más cercana?

20.26.

I ate something bad, I need a stomach medicine

Me comí algo mal, Necesito medicina para el estómago

20.27.

I need an allergy medicine

Necesito medicina para la alergia

21.   Hotel

Hotel

21.1.

Where's our hotel reservation?

¿Dónde es nuestra reservación de hotel?

21.2.

Where are we going to stay?

¿Dónde nos vamos a quedar?

21.3.

Did you reserve the hotel?

¿Reservaste el hotel?

21.4.

Did you find accommodation?

¿Encontraste acomodación?

21.5.

Do you have the hotel address?

¿Tienes la dirección del hotel?

21.6.

What's the hotel's phone number?

¿Cuál es el número del hotel?

21.7.

Do you have my reservation?

¿Tienes mi reservación?

21.8.

I've made the reservation under the name …

Hice la reservación a nombre de …

21.9.

My booking was for a single room

Mi reserva fue por una habitación sencilla

21.10.

My booking was for a double room

Mi reserva fue por una habitación doble

21.11.

My booking was for a twin room

Mi reserva fue por una habitación simple

21.12.

What is my room number?

¿Cuál es el número de mi habitación?

21.13.

Which floor is my room on?

¿En qué piso está mi habitación?

21.14.

Where can I get my keys?

¿Dónde me pueden dar mis llaves?

21.15.

Where are the lifts?

¿Dónde están los ascensores?

21.16.

Could I have a wake-up call at seven o'clock?

¿Me pueden despertar a las siete en punto?

21.17.

Do you lock the front door at night?

¿Echan llave a la puerta de enfrente por la noche?

21.18.

What do I do if I come back after midnight?

¿Qué hago si regreso después de media noche?

21.19.

Can I get my key, please?

¿Me puede dar mi llave, por favor?

21.20.

Do you need to know how long we're staying for?

¿Necesita saber por cuanto tiempo nos vamos a quedar?

21.21.

Could we have an extra bed?

¿Podría ponernos una cama extra?

21.22.

Does the room have the air condition?

¿La habitación tiene aire acondicionado?

21.23.

When do you serve breakfast?

¿A qué hora sirven el desayuno?

21.24.

When is the dinner being served?

¿A qué hora sirven la cena?

21.25.

Is the restaurant open?

¿El restaurant está abierto?

21.26.

Can I conduct a meeting somewhere in the hotel?

¿Puedo tener una reunión en alguna parte del hotel?

21.27.

Do you have a pool?

¿Tienen piscina?

21.28.

Can I use the gym?

¿Puedo usar el gimnasio?

21.29.

Are there any messages for me?

¿Hay algún mensaje para mí?

21.30.

Can we have separate rooms?

¿Podemos tener habitaciones separadas?

21.31.

Does the room have the mini-bar?

¿La habitación tiene mini-bar?

21.32.

Is there a TV in my room?

¿Hay televisión en mi cuarto?

22. Luggage
Equipaje

22.1.

Where's my luggage?

¿Dónde está mi equipaje?

22.2.

My luggage got lost, can you help me?

Mi equipaje se perdió, ¿Me puede ayudar?

22.3.

I don't see my suitcase on the luggage conveyor

No veo mi maleta en la transportadora de equipaje

22.4.

Is my bag lost?

¿Se perdió mi maleta?

22.5.

Can you help me find my luggage?

¿Puede ayudarme a encontrar mi equipaje?

22.6.

Can someone take my luggage?

¿Alguien puede tomar mi equipaje?

22.7.

Can the bellboy help me with my luggage?

¿El botones me puede ayudar con mi equipaje?

22.8.

I can't carry all my bags, can you help me?

No puedo cargar todas mis valijas, ¿Me puede ayudar?

22.9.

I don't have a lot of luggage, I'll take it myself

No tengo mucho equipaje, lo llevaré yo mismo

22.10.

I only have one bag

Solo tengo una valija

22.11.

Please be careful, it's fragile

Por favor tenga cuidado, es frágil

22.12.

I have some fragile gifts in my luggage, don't break them

Tengo algunos regalos frágiles en mi equipaje, no los rompa

22.13.

Can you help the lady with her luggage?

¿Puede ayudar a la señora con su equipaje?

22.14.

Where can I get a luggage cart?

¿Dónde puedo encontrar un carro de equipaje?

22.15.

Where can I measure the weight of my luggage?

¿Dónde puedo medir el peso de mi equipaje?

22.16.

Can I repack here?

¿Puedo re empacar aquí?

22.17.

I'm not done packing yet

No he terminado de empacar aún

22.18.

Did you pack everything?

¿Empacaste todo?

22.19.

I've finished packing, I'll wait for you outside

Terminé de empacar, voy a esperarte afuera

22.20.

Let me help you with your bags

Déjame ayudarte con tus valijas

22.21.

Did you put the bags in the car?

¿Pusiste las valijas en el auto?

22.22.

Help me get the luggage in the trunk

Ayúdame a meter el equipaje en el maletero

22.23.

Keep an eye on the bags

Mantén cuidadas las valijas

22.24.

Can you watch my bags for a minute?

¿Puedes ver mis valijas por un minuto?

22.25.

I need to use the bathroom. Can I leave my bag here?

Necesito usar el baño. ¿Puedo dejar mi maleta aquí?

22.26.

Do you want me to watch your bags until you come back?

¿Quiere que mire sus maletas hasta que usted regrese?

23. Metro travel
Viaje en Metro

23.1.

Where's the closest metro station?

¿Dónde está la estación de metro más cercana?

23.2.

Can I get to ... with metro?

¿Puedo llegar a... en el metro?

23.3.

Where can I buy a metro ticket?

¿Dónde puedo comprar un ticket de metro?

23.4.

How many stops are there to ... ?

¿Cuántas paradas hay para...?

23.5.

Do I need to make connections to go to ... ?

¿Necesito hacer conexiones para ir a...?

23.6.

What's the metro ticket price?

¿Cuánto cuesta el ticket de metro?

23.7.

Is there any discount for children?

¿Hay algún descuento para niños?

23.8.

Can you tell me when should I arrive to ... ?

¿Me puede decir cuándo debería llegar a...?

23.9.

How often does the train go?

¿Qué tan seguido va el tren?

23.10.

Should I take the metro or the bus?

¿Debería tomar el metro o el bus?

23.11.

I need to go to ... . Can metro take me there?

Necesito ir a... ¿El metro me puede llevar allí?

23.12.

Do you have a timetable?

¿Tiene un horario?

23.13.

Do you have a map for metro lines?

¿Tiene un mapa de las líneas del metro?

23.14.

Will you tell me when I get to the ...?

¿Usted me puede decir cuando llegue a...?

24. Money
Dinero

24.1.

Have you got the money?

¿Tienes el dinero?

24.2.

I forgot the money, I need to go back

Olvidé el dinero, debo regresar

24.3.

I have the money here

Tengo el dinero aquí

24.4.

Do we have enough money?

¿Tienes suficiente dinero?

24.5.

How much cash do we need?

¿Cuánto efectivo necesitamos?

24.6.

Can I pay in cash?

¿Puedo pagar en efectivo?

24.7.

Can I pay with credit card?

¿Puedo pagar con tarjeta de crédito?

24.8.

Where's the closest ATM?

¿Dónde está el cajero más cercano?

24.9.

I need to get some cash for tonight

Necesito un poco de efectivo para esta noche

24.10.

The bill is covered

La cuenta está cubierta

24.11.

I'll pay for everything

Yo pagaré todo

24.12.

Please let me pay the bill

Por favor déjame pagar la cuenta

24.13.

Can we split the bill?

¿Podemos dividir la cuenta?

24.14.

How much do I owe you?

¿Cuánto te debo?

24.15.

Let me get my wallet

Déjame tomar mi billetera

24.16.

My wallet is in the car, I'll be right back

Mi billetera está en el auto. Ahora regreso

24.17.

There are no ATMs here

No hay cajeros automáticos aquí

24.18.

Can you lend me some money until tomorrow?

¿Me puedes prestar dinero hasta mañana?

24.19.

Can I write you a check?

¿Te puedo hacer un cheque?

24.20.

Can you accept my Visa card?

¿Puedes aceptar mi tarjeta Visa?

24.21.

Is there any problem with my card?

¿Hay algún problema con mi tarjeta?

24.22.

Can I check my account balance?

¿Puedo chequear mi estado de cuenta?

24.23.

I need to get to the bank right now

Necesito ir al banco ahora

24.24.

I have a problem regarding money

Tengo un problema con el dinero

24.25.

I'd like to withdraw some money

Quisiera retirar algo de dinero

25. Passport

Pasaporte

25.1.

Do you need to check our passports?

¿Necesita revisar nuestros pasaportes?

25.2.

Is my passport valid?

¿Mi pasaporte es válido?

25.3.

Where did you put our passports?

¿Dónde puso nuestros pasaportes?

25.4.

I lost my passport. What should I do?

Perdí mi pasaporte. ¿Qué debo hacer?

25.5.

My passport expired. What should I do?

Mi pasaporte expiró. ¿Qué debo hacer?

25.6.

When can I expect my passport to be ready?

¿Cuándo puedo esperar a que mi pasaporte esté listo?

25.7.

Could I see your passport?

¿Podría ver su pasaporte?

25.8.

My passport is in my pocket, where is yours?

Mi pasaporte está en mi bolsa, ¿Dónde está el tuyo?

25.9.

How long will my passport be valid?

¿Por cuánto tiempo mi pasaporte será válido?

25.10.

Where is the passport control?

¿Dónde está el puesto de control del pasaporte?

25.11.

Do I need to go through passport control?

¿Necesito ir al control de pasaportes?

25.12.

Do little children need their own passports?

¿Los niños necesitan su propio pasaporte?

25.13.

Make sure you always know where your passport is

Asegúrate de saber siempre donde está tu pasaporte

25.14.

It's the best to keep the passport on hand

Lo mejor es tener el pasaporte a la mano

25.15.

What number should I call if I lose my passport?

¿A quénúmero debería llamar si pierdo mi pasaporte?

25.16.

If I lose my passport, should I go to the embassy?

Si pierdo mi pasaporte, ¿Debería ir a la embajada?

25.17.

We're traveling together; here are our passports

Estamos viajando juntos; Aquí están nuestros pasaportes

25.18.

What happens if my passport expires while I'm abroad?

¿Qué pasa si mi pasaporte expira cuando estoy en el extranjero?

25.19.

I have a question regarding my passport status

Tengo una pregunta del estatus de mi pasaporte

25.20.

Where can I travel with my passport?

¿A dónde puedo viajar con mi pasaporte?

25.21.

Is just a passport enough?

¿Sólo el pasaporte es suficiente?

25.22.

Do I need anything else besides passport?

¿Necesito algo más a parte del pasaporte?

25.23.

Can I get my passport back?

¿Me puede devolver mi pasaporte?

25.24.

Do I need to show my passport on the airport?

¿Necesito enseñar mi pasaporte en el aeropuerto?

25.25.

Do I need the passport for traveling to ... ?

¿Necesito el pasaporte para viajar a...?

25.26.

Can you help me find my passport? It's here somewhere

¿Puedes ayudarme a encontrar mi pasaporte? Esta aquí en algún lugar

26. Personal accidents
Accidentes personales

26.1.
I'm hurt, I need help
Estoy lastimado, necesito ayuda

26.2.
My foot is stuck, can you help me?
Mi pie se atoró, ¿me puede ayudar?

26.3.
I've hurt my arm
Me lastimé el brazo

26.4.
Here's where it hurts
Aquí es donde duele

26.5.
Call the fire department
Llama al departamento de bomberos

26.6.
The hotel is on fire, hurry up
El hotel se incendió, apresúrate

26.7.
Do you know CPR?
¿Sabes CPR?

26.8.
I need a hospital urgently
Necesito un hospital urgentemente

26.9.

The thief just attacked me, call the police

El ladrón me acaba de atacar, llama a la policía

26.10.

They took all my money and documents

Se llevaron todo mi dinero y documentos

26.11.

Please block my credit card, it's been stolen

Por favor bloqueen mi tarjeta de crédito, fue robada

26.12.

Where is the police station?

¿Dónde está la estación de policía?

26.13.

It's an emergency

Es una emergencia

26.14.

Is the fire department on their way?

¿El departamento de bomberos viene en camino?

26.15.

I've been robbed, call the police

Me robaron, llama a la policía

26.16.

He's the thief

Él es el ladrón

26.17.

He stole my wallet

Él se robó mi billetera

27. Personal information
Información personal

27.1.

What's your last name?

¿Cuál es tu apellido?

27.2.

Can I get your phone number?

¿Me puedes dartu número telefónico?

27.3.

Can I get your business card?

¿Me puedes dartu tarjeta de negocios?

27.4.

Here's my card with all the information

Aquí está mi tarjeta con toda la información

27.5.

What's your email address?

¿Cuál es tu dirección de correo electrónico?

27.6.

Where are you from?

¿De dónde eres?

27.7.

Where do you live?

¿Dónde vives?

27.8.

Can I get your address?

¿Me puedes dar tu dirección?

27.9.

What's your room number?

¿Cuál es el número de tu habitación?

27.10.

Are you married?

¿Eres casado?

27.11.

Do you have children?

¿Tienes hijos?

27.12.

Can I call you if I need you?

¿Te puedo llamar si te necesito?

27.13.

Can I count on you to send me that? Here's my address

¿Puedo contar contigo para que me envíes eso? Aquí está mi dirección

28. Phone

Teléfono

28.1.

Can I call you later?

¿Te puedo llamar más tarde?

28.2.

Here's my phone number

Aquí está mi número telefónico

28.3.

You can reach me on this number

Me puedes llamar a este número

28.4.

Do you have his phone number?

¿Tienes su número de teléfono?

28.5.

Where can I get emergency numbers for the country I'm going to?

¿Dónde puedo conseguir números de emergencia para el país al que voy?

28.6.

What's the number for the police?

¿Cuál es el número de la policía?

28.7.

What's the number for the ambulance?

¿Cuál es el número para la ambulancia?

28.8.

What's the number for the fire department?

¿Cuál es el número para el departamento de bomberos?

28.9.

How can I reach the hotel?

¿Cómo puedo llamar al hotel?

28.10.

Have you written down the hotel's phone number?

¿Ya escribiste el número de teléfono del hotel?

28.11.

Is this the number for the airport?

¿Este es el número para el aeropuerto?

28.12.

Hello, can I speak to ...?

¿Hola, puedo hablar con...?

28.13.

I need to speak to ..., do I have the right number?

Necesito hablar con... ¿Tengo el numero correcto?

28.14.

Can I call you again? The signal is bad

¿Te puedo llamar de Nuevo? La señal es mala

28.15.

I'm afraid you have the wrong number

Creo que tienes el número incorrecto

28.16.

Can I leave a message for … ?

¿Puedo dejar un mensaje para…?

28.17.

Can you tell him to call me?

¿Le puedes decir que me llame?

28.18.

Please don't call me after 9pm

Por favor no me llames después de las 9pm

28.19.

You won't be able to reach me during the weekend

No me podrás llamar durante el fin de semana

28.20.

Would you give me your phone number so I can call you tomorrow?

¿Me vas a dar tu número de teléfonoasí te puedo llamar mañana?

28.21.

My phone will be unavailable for the next week

Mi teléfono estará indisponible por la siguiente semana

28.22.

Write me an email instead

Escríbeme un correo electrónico en lugar

28.23.

It seems like I've lost your number

Parece que perdí tu número

28.24.

I couldn't reach you this morning, what's going on?

No te pude llamar en la mañana, ¿Que está pasando?

28.25.

My battery is going to die, do you have a charger?

Mi batería se va a morir, ¿Tienes un cargador?

28.26.

Can I charge my phone here?

¿Puedo cargar mi teléfono aquí?

29. Plane and airport
Avión y aeropuerto

29.1.

I've got a ticket to ...

Tengo un ticket a...

29.2.

Where can I check my ticket?

¿Dónde puedo revisar mi ticket?

29.3.

I only have a carry on

Solo tengo una maleta de mano

29.4.

I have 2 suitcases, can I check them now?

Tengo dos maletas, ¿las puedo revisar ahora?

29.5.

What is the maximum luggage weight?

¿Cuánto es el peso máximo de equipaje?

29.6.

I would like to confirm my flight

Quisiera confirmar mi vuelo

29.7.

Can you confirm my ticket number?

¿Puede confirmar el número de mi ticket?

29.8.

Can I get the window seat?

¿Puedo sentarme en asiento con ventana?

29.9.

Can I get the aisle seat?

¿Puedo sentarme en asiento de pasillo?

29.10.

I have a ticket; can I schedule a departure date?

Tengo un ticket; ¿Puedo planificar una fecha de salida?

29.11.

Can I change my departure date to ... ?

¿Puedo cambiar mi fecha de salida a...?

29.12.

I would like to leave on ... , if there are available seats

Me gustaría irme..., si hay asientos disponibles

29.13.

Would my bag fit over the seat?

¿Mi maleta cabe sobre el asiento?

29.14.

Can I have a seat closest to the emergency exit?

¿Puedo sentarme cerca de la salida de emergencia?

29.15.

Which gate do I need to go to?

¿En qué puerta debo abordar?

29.16.

What is the gate number?

¿Cuál es el número de puerta?

29.17.

Can you point me towards the gate?

¿Me puede apuntar la puerta?

29.18.

How do I get to the gate?

¿Cómo llego a la puerta?

29.19.

When should I be at the gate?

¿Cuándo debería estar en la puerta?

29.20.

I'm looking for the north terminal.

Estoy buscando la terminal Norte

29.21.

Where can I claim my luggage?

¿Dónde puedo reclamar mi equipaje?

29.22.

Could you please help me with my bags?

¿Me puedes ayudar con mis maletas?

29.23.

Can you repeat the flight number?

¿Puede repetir el número de vuelo?

29.24.

Here's my passport and boarding card

Aquí está mi pasaporte y tarjeta de abordaje

29.25.

Will there be a delay?

¿Habrá una demora?

29.26.

How long does the flight take?

¿Cuánto tarda el vuelo?

29.27.

Do you serve food and drinks?

¿Sirven comida y bebidas?

29.28.

Can I unfasten my seatbelt now?

¿Puedo desabrochar mi cinturón ahora?

30. Professions
Profesiones

30.1.

I'm a lawyer

Soy un abogado

30.2.

Are you a nurse?

¿Eres una enfermera?

30.3.

So, he's an executive?

Así que, ¿Él es un ejecutivo?

30.4.

We need an electrician

Necesitamos un electricista

30.5.

I could use a hairdresser now

Podría necesitar a un peluquero ahora

30.6.

Are you an engineer, too?

¿Eres un ingeniero, también?

30.7.

Do you work as a librarian?

¿Trabajas como bibliotecaria?

30.8.

Is he a famous actor?

¿Él es un actor famoso?

30.9.

This tailor is really good

Este sastre es muy bueno

30.10.

I'll take you to the doctor

Te llevaré al doctor

30.11.

Do you know some good mechanist?

¿Conoces a un buen mecánico?

30.12.

Is there any reliable butcher near?

¿Hay algún carnicero de confianza cerca?

30.13.

I need to see a dentist today

Necesito ver a un dentista hoy

30.14.

What is your occupation?

¿Cuál es tu ocupación?

30.15.

Where do you work?

¿Dónde trabajas?

31. Restaurant
Restaurante

31.1.

Do you know any good restaurants?

¿Conoces algún buen restaurante?

31.2.

Where's the nearest restaurant?

¿Dónde queda el restaurant más cercano?

31.3.

Would you join me for lunch?

¿Me acompañas al almuerzo?

31.4.

Be my guest for dinner tonight

Sé mi invitado para la cena hoy por la noche

31.5.

Do you have any free tables?

¿Tienen mesas libres?

31.6.

A table for four, please

Una mesa para cuatro, por favor

31.7.

I'd like to make a reservation

Quisiera hacer una reservación

31.8.

I'd like to book a table, please

Quisiera reservar una mesa, por favor

31.9.

Tonight at ... o'clock

Hoy a las... en punto

31.10.

Tomorrow at ... o'clock

Mañana a las... en punto

31.11.

I've got a reservation under the name ...

Tengo una reservación bajo el nombre de...

31.12.

Could I see the menu, please?

¿Podría ver el menú por favor?

31.13.

Can we get something to drink?

¿Podemos pedir algo de tomar?

31.14.

Can we order now?

¿Podemos ordenar ahora?

31.15.

Do you have any specials?

¿Tienen algunos especiales?

31.16.

What's the soup of the day?

¿Cuál es la sopa del día?

31.17.

What do you recommend?

¿Qué recomiendan?

31.18.

What's this dish?

¿Qué es este plato?

31.19.

I'm allergic to ...

Soy alérgico a...

31.20.

I'm a vegetarian, what do you recommend?

Soy vegetariano, ¿Qué me recomienda?

31.21.

I'd like my stake medium-rare

Me gustaría mi carne término medio

31.22.

I prefer the stake to be well done

Yo prefiero que la carne esté bien cocida

31.23.

We're in a hurry, when can we be served?

Estamos apurados, ¿Cuándo nos van a server?

31.24.

How long will it take?

¿Cuánto tiempo va a tomar?

31.25.

What is your wine selection?

¿Cuál es la selección de vinos?

31.26.

Do you have any desserts?

¿Tiene postres?

31.27.

Could I see the dessert menu?

¿Puedo ver el menú de postres?

31.28.

Can you take this back, it's cold

Puede llevarse esto de regreso, esta frío

31.29.

Can I get the new serving, this is too salty

Podría darme el Nuevo plato, este está muy salado

31.30.

This doesn't taste right, can I change my order?

Esto no sabe bien, ¿Puedo cambiar mi orden?

31.31.

We've been waiting a long time, can you help us?

Hemos esperado mucho tiempo ¿Nos puede ayudar?

31.32.

Is our meal on its way?

¿Nuestra comida ya viene?

31.33.

Will our food be long?

¿Nuestra comida se va a tardar?

31.34.

Could we have the bill, please?

¿Nos puede dar la cuenta, por favor?

31.35.

Do you take credit cards?

¿Aceptan tarjetas de crédito?

31.36.

Can we pay separately?

¿Podemos pagar por separado?

31.37.

Please bring us another bottle of wine

Por favor tráiganos otra botella de vino

31.38.

Please bring us some more bread

Por favor tráiganos más pan

31.39.

Can we have a jug of tap water?

¿Nos puede traer un pichel de agua?

31.40.

Can I have some water, please?

¿Me puede dar agua por favor?

31.41.

What kind of meat is this?

¿Qué tipo de carne es esta?

31.42.

How do you prepare the pork?

¿Cómo preparan el cerdo?

31.43.

I'm allergic to nuts, please don't put them in

Soy alérgico a las nueces, no le ponga por favor

31.44.

Sorry, but I suffer from allergy from shellfish

Perdón, pero sufro de alergia a los crustáceos

31.45.

Do you have chicken breasts?

¿Tiene pechugas de pollo?

31.46.

Have you got roasted turkey?

¿Tienen pavo rostizado?

31.47.

I'll have the roast beef, please

Quiero la carne rostizada, por favor

31.48.

What's your pasta selection?

¿Cuál es su selección de pasta?

31.49.

What kind of beans do you serve?

¿Qué tipo de frijoles sirven?

31.50.

Can I get the salt?

¿Podría traerme la sal?

31.51.

Could you pass the pepper?

¿Me puede pasar la pimienta?

31.52.

Can you bring the olive oil?

¿Me puede traer el aceite de oliva?

31.53.

Can you put vinegar in the salad?

¿Puede poner vinagre en la ensalada?

31.54.

Do you have any seafood?

¿Tiene mariscos?

31.55.

I'll have bacon and eggs

Voy a querer tocino y huevos

31.56.

Can I get some sausages?

¿Podría traerme algunas salchichas?

31.57.

Do you serve fried chicken?

¿Sirven pollo frito?

31.58.

I'll have baked potatoes with that

Voy a tener papas cocidas con eso

31.59.

Can I order some grilled chicken?

¿Puedo ordenar pollo asado?

31.60.

I'll have a piece of chocolate cake

Voy a querer un pedazo de pastel de chocolate

31.61.

I'll have ice cream for a desert

Quiero helado para el postre

31.62.

Croissant and coffee, please

Croissant y café, por favor

31.63.

Two pancakes with honey for me

Dos panqueques con miel para mí

31.64.

Is smoking allowed?

¿Está permitido fumar?

32. Supermarket

Supermercado

32.1.

What times are you open?

¿A qué hora abren?

32.2.

Are you open on Saturday?

¿Están abiertos el sábado?

32.3.

Do you work on Sunday?

¿Trabajan el domingo?

32.4.

What time do you close today?

¿A qué hora cierran hoy?

32.5.

What time do you open tomorrow?

¿A qué hora abren mañana?

32.6.

How much is this?

¿Cuánto es esto?

32.7.

How much does this cost?

¿Cuánto cuesta esto?

32.8.

I'll pay in cash

Voy a pagar en efectivo

32.9.

Do you accept credit cards?

¿Aceptan tarjetas de crédito?

32.10.

Could I have a receipt, please?

¿Me puede dar un recibo, por favor?

32.11.

Could you tell me where the ... is?

¿Podría decirme donde estáel...?

32.12.

Could I have a carrier bag, please?

¿Podría darme una canasta, por favor?

32.13.

Can you help me pack my groceries?

¿Me puede ayudar a empacar mis compras?

32.14.

Here's my loyalty card

Aquí está mi tarjeta de lealtad

32.15.

Where can I find milk?

¿Dónde puedo encontrar leche?

32.16.

What kind of bread should we buy?

¿Qué tipo de pan deberíamos comprar?

32.17.

Could you tell me where the meat section is?

¿Me puede decir donde está la sección de carnes?

32.18.

Where can I find the frozen food?

¿Dónde puedo encontrar la sección de comida congelada?

32.19.

I would like some cheese, please

Me gustaría un poco de queso, por favor

32.20.

Do you have frozen pizza?

¿Tienen pizza congelada?

32.21.

I want to buy some ham

Quiero comprar jamón

32.22.

Do you have black olives?

¿Tienen aceitunas negras?

32.23.

I need some bottled water

Necesito agua embotellada

32.24.

We need orange juice

Necesitamos jugo de naranja

32.25.

Please show me where's the fruit aisle

Por favor, enséñame donde está la isla de frutas

32.26.

What vegetables do we need for the salad?

¿Qué vegetales necesitamos para la ensalada?

32.27.

Can I get some chicken wings?
¿Puede darme unas alitas de pollo?

33. Taxi
Taxi

33.1.

Do you know where I can get a taxi?
¿Sabes dónde puedo tomar un taxi?

33.2.

Do you have a taxi number?
¿Tienes el número de un taxi?

33.3.

I need the taxi. My address is ...
Necesito el taxi. Mi dirección es...

33.4.

Do you have an available vehicle right now?
¿Tienen un vehículo disponible ahora?

33.5.

I'm at the ... street
Estoy en la calle...

33.6.

I'll wait in front of the post office on ... street?
Esperaré enfrente de la oficina postal en la calle...

33.7.

How long will I have to wait?

¿Cuánto voy a tener que esperar?

33.8.

Can you send a larger vehicle?

¿Puede mandar un vehículo más grande?

33.9.

I'd like to go to ...

Quisiera ir a...

33.10.

Could you take me to ...?

¿Me puede llevar a...?

33.11.

I need to be at the airport in 30 minutes

Necesito estar en el aeropuerto en 30 minutos

33.12.

I have a train in 40 minutes, please hurry

Tengo un tren en 40 minutos, por favor apresúrese

33.13.

Try to avoid the jam

Trate de evitar el embotellamiento

33.14.

Can you put my bags in the trunk?

¿Puede poner mis maletas en la cajuela?

33.15.

How long will the journey take?

¿Cuánto se va a tardar el viaje?

33.16.

Do you mind if I open the window?

¿Le importa si abro la ventana?

33.17.

Can you please close the window?

¿Puede cerrar la ventana por favor?

33.18.

Are we almost there?

¿Ya casi llegamos?

33.19.

Can you hurry up?

¿Puede apresurarse?

33.20.

That's fine, keep the change

Está bien, quédese con el cambio

33.21.

Could I have a receipt, please?

¿Me puede dar un recibo, por favor?

33.22.

Could you pick me up here tonight at ...?

¿Me puede recoger aquí en la noche a las...?

33.23.

Could you wait for me here?

¿Me puede esperar aquí?

33.24.

How much do you charge waiting?

¿Cuánto cobra por esperar?

33.25.

Can you stop in front of the pharmacy?

¿Puede parar enfrente de la farmacia?

33.26.

Please take me downtown

Por favor lléveme al centro

33.27.

Drive me to the theatre...

Lléveme al teatro

34.   Theatre
Teatro

34.1.

Is the theatre in this town any good?

¿El teatro de este pueblo es Bueno?

34.2.

What's on the repertoire for this week?

¿Que hay en el repertorio de esta semana?

34.3.

Is there anything on at the theatre this week?

¿Hay algo en el teatro esta semana?

34.4.

Any interesting plays this month?

¿Alguna obra interesante este mes?

34.5.

Do you know is there any play tonight?

¿Sabes si hay alguna obra esta noche?

34.6.

When's does the play start?

¿Cuándo comienza la obra?

34.7.

Does anyone I might have heard of in the play?

¿He escuchado de alguien en la obra?

34.8.

What type of production is it?

¿Qué tipo de producción es esta?

34.9.

What time does the performance start?

¿A qué hora comienza la función?

34.10.

What time does it finish?

¿A qué hora termina?

34.11.

Where's the cloakroom?

¿Dónde están los servicios?

34.12.

Could I have a program, please?

¿Me podría dar un programa, por favor?

34.13.

Shall we order some drinks for the interval?

¿Deberíamos ordenar bebidas para el intermedio?

34.14.

We'd better go back to our seats, it's starting

Deberíamos regresar a nuestros asientos, está comenzando

34.15.

Shall we sit on a balcony?

¿Nos sentamos en el balcón?

34.16.

Check the tickets for our seat numbers

Revisa los tickets para nuestros números de asiento

35. Time and date
Hora y Fecha

35.1.

What time is it?

¿Qué hora es?

35.2.

What date is it today?

¿Qué fecha es hoy?

35.3.

I'll be there around three-fifteen

Llegaré cerca de las tres-quince

35.4.

It's half past five, let's meet in an hour

Ya pasaron las cinco, juntémonos en una hora

35.5.

I'll be there around two o'clock

Llegaré cerca de las dos en punto

35.6.

Expect me around quarter to four

Espérame cerca de las cuatro menos cuarto

35.7.

Please arrive on time

Por favor llega a tiempo

35.8.

When did you meet him?

¿Cuándo lo conociste?

35.9.

Should I come back in thirty minutes?

¿Debería regresar en treinta minutos?

35.10.

Which day is it?

¿Qué día es?

35.11.

I've been there for a few months

He estado allí por unos cuantos meses

35.12.

Can I see you later this month?

¿Te puedo ver más tarde este mes?

35.13.

I remember you. Were you here last year?

Te recuerdo. ¿Estabas aquí el año pasado?

35.14.

I won't be available until next month

No estaré disponible hasta el próximo mes

35.15.

Is it always this crowded on/ the weekends?

¿Siempre está así de lleno/ en el fin de semana?

35.16.

Talk to you tomorrow morning

Te hablo mañana en la mañana

35.17.

I'll probably be back in a few days

Probablemente regrese en unos cuantos días

35.18.

I've been waiting for awhole hour

He estado esperando por una hora completa

35.19.

I met him last Friday

Lo conocí el viernes pasado

35.20.

When can I expect you?

¿Cuándo te puedo esperar?

35.21.

I'll come on Wednesday

Vendré el miércoles

35.22.

What are your plans for the winter?

¿Cuáles son tus planes para el invierno?

36.   Train travel
Viaje en Tren

36.1.

Can I get a first class single ticket?

¿Me puede dar un solo ticket de primera clase?

36.2.

Give me two first class return tickets

Deme dos tickets de primera clase de regreso

36.3.

I would like a child single

Me gustaría un solo de niño

36.4.

I need one child return

Necesito uno de regreso para niño

36.5.

What time's the next train to ...?

¿A qué hora es el próximo tren a...?

36.6.

Can I buy a ticket on the train?

¿Puedo comprar un ticket en el tren?

36.7.

How much is a first class return to ...?

¿Cuánto cuesta un ticket de primera clase de regreso a...?

36.8.

Which platform do I need for ...?

¿Qué plataforma necesito para...?

36.9.

Is this the right platform for ...?

¿Esta es la plataforma correcta para...?

36.10.

Where can I see the timetable?

¿Dónde puedo ver el horario?

36.11.

How often do the trains run to ...?

¿Qué tan seguido los trenes van a...?

36.12.

I'd like to renew my season ticket, please

Quisiera renovar mi ticket de temporada, por favor

36.13.

The train's running late

El tren viene tarde

36.14.

The train's been cancelled

El tren se canceló

36.15.

Does this train stop at ...?

¿Este tren para en...?

36.16.

Is there a buffet car on the train?

¿Hay un carrito de buffet en el tren?

36.17.

Do you mind if I open the window?

¿Te importa si abro la ventana?

36.18.

Does this train terminate here?

¿Este tren termina aquí?

36.19.

Where should I put my personal belongings?

¿Dónde puedo poner mis objetos personales?

36.20.

How many stops is it to ...?

¿Cuántas paradas son para...?

36.21.

How much is the ticket to ...?

¿Cuánto cuesta el ticket a...?

36.22.

Is there a reduced fare for children?

¿Hay alguna tarifa reducida para niños?

36.23.

Is there a reduced fare for large families?

¿Hay alguna tarifa reducida para familias?

36.24.

Where is the train station?

¿Dónde está la estación de tren?

36.25.

Where can we buy tickets?

¿Dónde puedo comprar los tickets?

36.26.

What time will the train to ... leave?

¿A qué hora se va el tren hacia...?

36.27.

Where is platform number ...?

¿Dónde está la plataforma número...?

37. Visa

Visa

37.1.

Do I need a visa to go to…?

¿Necesito una visa para ir a…?

37.2.

I don't have a visa. Can I still go to…?

No tengo una visa. ¿De igual forma puedo ir a…?

37.3.

I need a visa for … . What should I do?

Necesito una visa para… ¿Qué debo hacer?

37.4.

When is my visa expiring?

¿Cuándo expira mi visa?

37.5.

Can I stay for a month with this visa?

¿Me puedo quedar un mes con esta visa?

37.6.

Which documents do I need to get a visa?

¿Qué documentos necesito para obtener una visa?

37.7.

Is my visa ready?

¿Mi visa ya está lista?

37.8.

When can I get the visa?

¿Dónde puedo obtener la visa?

37.9.

I need a tourist visa, what should I do?

Necesito una visa de turista, ¿Qué debo hacer?

37.10.

Who should I talk to about visa extension?

¿A quién le debo hablar para una extensión de la visa?

37.11.

Do kids need visas?

¿Los niños necesitan visas?

37.12.

What will happen if our visa expires?

¿Qué pasaría si tu visa expira?

37.13.

How long does the tourist visa last?

¿Cuánto dura la visa de turista?

37.14.

I need a work visa for United States

Necesito una visa de trabajo para los Estados Unidos

37.15.

Which countries can I go to without visa?

¿A que países puedo ir sin una visa?

37.16.

When can I expect your call regarding my visa status?

¿Cuándo puedo esperar su llamada con respecto al estado de mi visa?

37.17.

Is this the paper that confirms that I have visa?

¿Este es el papel que confirma que tengo visa?

37.18.

How long does the process of getting visa last?

¿Cuánto dura el proceso de obtener una visa?

37.19.

Do I need anything else besides visa?

¿Necesito algo más a parte de mi visa?

37.20.

Am I going to need a letter of guarantee or just a visa?

¿Voy a necesitar una carta de garantía o solo una visa?

38.   Weather
Clima

38.1.

What's the weather like there?

¿Cómo es el clima allí?

38.2.

Is it going to rain next week?

¿Va a llover la próxima semana?

38.3.

Do you think there will be snow?

¿Crees que va a haber nieve?

38.4.

Can I expect sunny vacation?

¿Puedo esperar unas vacaciones soleadas?

38.5.

I'm going with the car. Is there any fog?

Voy con el auto. ¿Hay neblina?

38.6.

Will the weather affect my flight?

¿El clima afectará mi vuelo?

38.7.

Are we still going if it starts snowing?

¿Igual vamos a ir si comienza a nevar?

38.8.

Is there any snow on the mountains?

¿Hay nieve en las montañas?

38.9.

Are we going to be able to go skiing?

¿Vamos a poder ir a esquiar?

38.10.

Is it warm enough for swimming?

¿Está suficientemente caliente para nadar?

38.11.

Will it still rain tomorrow?

¿Va a llover mañana?

38.12.

What's the forecast for ...?

¿Cuál es la predicción del clima para...?

38.13.

Do you think we'll arrive on time with this storm?

¿Crees que llegaremos a tiempo con esta tormenta?

38.14.

Do I need the winter clothes?

¿Necesito ropa de invierno?

38.15.

Should I pack some warm shoes?

¿Debería empacar zapatos calientes?

38.16.

Should I bring the jacket?

¿Debería traer la chaqueta?

38.17.

Are you expecting bad weather in the next 10 days?

¿Están esperando mal clima en los próximos 10 días?

38.18.

It's really cloudy; do you think it will rain

tonight?
Está muy nublado; ¿Crees que va a llover esta noche?

Made in the USA
Middletown, DE
09 September 2020

18648152R00066